DISCOURS

PRONONCÉ AU COLLÉGE SAINT-FRANÇOIS-XAVIER,

DANS UN SERVICE POUR LE REPOS DE L'AME

D'EMMANUEL DUFOURNEL,

ANCIEN ÉLÈVE DE CE COLLÉGE,

SOUS-LIEUTENANT AUX ZOUAVES PONTIFICAUX,

PAR M. L'ABBÉ BESSON.

SEPTIÈME ÉDITION,
Augmentée de Lettres et de Documents.

BESANÇON,

TURBERGUE, LIBRAIRE-ÉDITEUR,

RUE SAINT-VINCENT, 33.

1868.

DISCOURS

PRONONCÉ AU COLLÉGE SAINT-FRANÇOIS-XAVIER,

DANS UN SERVICE POUR LE REPOS DE L'AME

D'EMMANUEL DUFOURNEL,

Ancien Élève de ce collége, Sous-Lieutenant aux Zouaves pontificaux,

PAR M. L'ABBÉ BESSON.

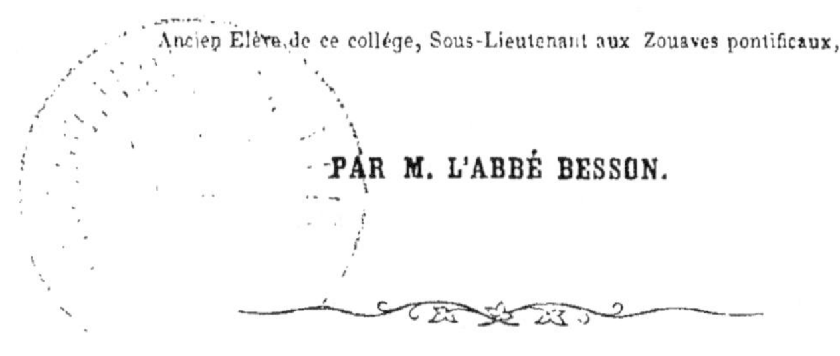

Considera, Israël, pro his qui mortui sunt super excelsa tua vulnerati..... Quomodo ceciderunt fortes?

Regarde, ô Israël, ceux qui ont été blessés et tués sur tes hauteurs..... Comment tes forts sont-ils tombés? (II Reg., I, 18-19.)

Il y a quatorze ans, presque à pareil jour, deux adolescents, deux frères, MM. Dufournel, venaient s'asseoir pour la première fois sur les bancs de ce collége. Ces deux frères sont tombés, dans la fleur de leur jeunesse, en servant Pie IX et en glorifiant la France. Tous deux sont des héros, tous deux sont des martyrs. L'un d'eux n'est plus, c'est un saint qui triomphe au ciel; l'autre, nous en avons la douce confiance, survit à ses graves blessures, c'est un saint qui souffre et qui combat encore sur la terre. C'est à l'honneur de l'un et à la mémoire de l'autre que nous avons consacré cette cérémonie, mêlant l'admiration à la plainte, le deuil à l'espérance, et confondant dans une commune louange leur nom, leur courage, leur piété et leurs exploits. Faut-il gémir? faut-il chanter? Il faut gémir, mais avec les accents de la foi ; il faut chanter, mais avec la lyre des prophètes, et je ne trouve dans la sainte Ecriture, pour gémir et pour chanter dignement, que les pathétiques paroles de David pleurant à la fois Saül et Jonathas : *Regarde, ô Israël, ceux qui ont été blessés et tués sur tes hauteurs..... Comment tes forts sont-ils tombés? Quomodo ceciderunt fortes?*

Vous me le demandez, mes chers enfants, je vais essayer de vous le dire, et si je ne puis dominer mon émotion, au lieu de mes paroles vous entendrez mes larmes, mais vous me comprendrez encore, car après les larmes du père et de la famille, il n'y a rien de plus éloquent que celles du maître et du collége.

Pourquoi ne le dirais-je pas tout d'abord avec la sainte Ecriture? « Dès l'aurore de leur vie, ces deux frères ont paru beaux et aimables : *Amabiles et decori in vitâ suâ* (1). » La piété était dans leur nom aussi bien que dans leur cœur; ce nom retentissait comme un écho de la prière qui avait présidé à leur naissance. O mère chrétienne qui leur avez donné le jour, sainte mère enlevée trop tôt à leurs caresses, mais toujours présente à leurs souvenirs, par quel secret pressentiment les avez-vous fait nommer au baptême Adéodat et Emmanuel (2)? Ils ont grandi, Messieurs, sous ces sacrés auspices, avec quelle grâce, vous vous en souvenez encore. Pendant le cours de leur éducation, commencée à Boulogne-sur-Mer, continuée à Besançon, achevée à Paris, on pouvait déjà entrevoir la différence de leur caractère dans la communauté de leur foi et de leurs sentiments. Adéodat paraissait déjà plus austère et plus ferme, Emmanuel plus sensible et plus doux. Jamais frères ne semblèrent mieux faits pour se compléter l'un par l'autre. L'aîné avait sur le plus jeune l'autorité d'un maître; le plus jeune avait pour l'aîné la déférence et l'admiration d'un disciple. Ils s'aimaient entre

----

(1) *II Reg.*, 1, 23.

(2) Adéodat Dufournel est né à Arc-lez-Gray (Haute-Saône), le 18 août 1838; Emmanuel est né à Poligny (Jura), le 13 février 1840.

eux comme des frères, hélas! ne savent plus s'aimer, et leurs condisciples les aimaient tous deux de cette amitié sincère et véritable qui prend racine au collége, survit à tout et se prolonge encore au delà du tombeau. Santé, fortune, considération publique, bonheur intime, tous les biens leur étaient assurés. Par les alliances de leur famille, ils touchaient à ce qu'il y a de plus honorable et de plus élevé dans la province. Leur nom, connu et béni dans la haute industrie, n'avait pas été sans relief au milieu de nos assemblées les plus tumultueuses, car leur père y avait marqué sa place dans les meilleurs souvenirs d'une politique honnête, sincère et libérale. Que d'avantages pour se produire dans le monde! Et qu'est-ce que le monde ne promettait pas à leur ambition! Mais comme le monde fut trompé le jour où il apprit que ces deux jeunes gens s'étaient faits soldats, au risque de vieillir dans les casernes, et soldats du pape, au risque de demeurer méconnus et impopulaires. Eh bien! ce fut là, cependant, en dépit du monde et de l'opinion, l'honneur commun de leur vie et l'immortelle beauté de leur âme: *Amabiles et decori in vitâ suâ.*

C'était le temps où les nobles cœurs commençaient à s'enrôler au service de Dieu, de l'Eglise et du siége apostolique. Réduit à défendre cette motte de terre qui lui reste et où la plus grande idée de la politique et de la religion s'assied sur le trône le plus petit et le plus menacé qui soit au monde, Pie IX a besoin de soldats, mais il lui faut des soldats de forte trempe et de longue haleine, des soldats capables de toutes sortes de combats. La tâche sera rude, la lutte n'aura ni trêve ni merci. Ce n'est pas seulement l'ennemi qu'il faut défaire sur le champ de bataille, c'est le respect humain à vaincre, l'opinion à braver, les préjugés à fouler aux pieds, c'est l'enfer tout entier déchaîné contre l'Eglise et contre son Christ.

Adéodat part le premier, c'était le droit de l'âge et le devoir du bon exemple. Il part dès le mois de juin 1861, assez tôt pour assister à toutes les affaires, s'exposer à tous les coups, recueillir toutes les risées, accomplir tous les sacrifices. Non, jamais zouave ne pourra lui écrire comme le Béarnais à Crillon : « Pends-toi, brave Crillon, nous avons vaincu à Arques, et tu n'y étais pas. » Les zouaves, moins heureux mais aussi braves que le Béarnais, ont été vaincus à Castelfidardo, et Adéodat a partagé l'honneur de cette défaite ; prisonniers à Gênes, et Adéodat a partagé le long ennui de cette prison ; bafoués et raillés presque partout, et Adéodat a partagé toute l'injustice et toute l'ignominie de ce traitement. Il leur a fallu, tantôt attaquer les brigands, et Adéodat s'est signalé contre eux par de vigoureuses sorties ; tantôt soigner les cholériques, et Adéodat a fait voir que son âme toute française avait tout à la fois et ce que le courage a de plus fort et ce que la charité a de plus tendre. Quelle fut la plus belle récompense de ce grand cœur et de cette grande vertu ? Peut-être le grade de capitaine adjudant-major qui couronna huit ans de services ? Non, Messieurs, non, car il était venu pour servir et non pas pour commander. Peut-être, du moins, la croix qu'il reçut des mains de Pie IX ? Détrompez-vous encore, car il est de ces vaillants qui demeurent supérieurs à tous les honneurs, et dont saint Grégoire a dit, comme des Machabées : Ils sont plus hauts que leur temps : *Temporibus suis excelsiores* (1). Ah ! le plus beau jour de sa vie, ce fut celui où son frère, son Emmanuel, vint mettre au service du saint-siége sa vaillance et sa foi. A dater de ce jour, les deux frères n'avaient plus qu'un cœur et qu'une âme, ils n'avaient plus qu'une vie : ils voulaient vivre, servir et tomber ensemble, et le texte de nos Ecritures s'appliquait à eux avec plus de vérité que jamais : *Amabiles et decori in vitâ suâ.*

Emmanuel grandit vite à l'ombre de son frère. En cinq ans il a conquis, un à un, tous les grades inférieurs, et la Comté l'a revu l'été dernier dans sa modeste et sévère tenue d'officier pontifical. Mais les médecins ont imposé à son dévouement un long congé de convalescence. La fièvre qui l'a forcé de quitter

(1) *Orat.* XXII.

Rome, le suit encore à Luxeuil, à Gray et à Renaucourt. Pâle, languissant, se traînant à peine, on dirait un malade condamné au repos, et c'est un soldat qui soupire après la bataille. La chrétienté venait d'entendre ces cris de rage poussés à Genève, à Turin et à Florence par des bêtes furieuses ; elle avait vu ce général de parade, qui est aujourd'hui l'idole de l'Italie affolée et qui en demeurera la honte dans l'histoire, raccoler de ville en ville la lie des nations et la mener, à la face de l'Europe, au pillage de la ville éternelle. Les politiques se consultent, les bons frémissent, les méchants sont remplis de joie. Notre Emmanuel ne saurait y tenir... Ne prétendez pas lui cacher les préoccupations et les inquiétudes qui percent dans tous les regards fixés sur Rome, et qui ne laissent aux fêtes des grandes cités et au passage des grands souverains qu'un coup d'œil distrait. Ne lui parlez ni de sa santé mal raffermie, ni de ses forces à peine revenues : il devine le péril, il entend l'appel à travers des espaces immenses de terre et de mer, il vole avec la rapidité de l'aigle, il arrive avec le courage du lion, et c'est encore David qui me fournit cette comparaison si juste et si belle : *Aquilis velociores, leonibus fortiores* (1). Le 6 octobre on l'a vu à Gray où il serre la main à ses amis ; le 15 il est à Rome. Il prend à peine le temps d'embrasser son frère, et dès le lendemain il est à vingt-cinq lieues de Rome, à Valentana, au poste de l'honneur et du danger, à l'avant-garde des zouaves, aux frontières des États pontificaux.

Rien ne bougeait encore, lorsqu'un de ces saints religieux qui suivent si volontiers le soldat au combat, parce qu'ils en ont le courage aussi bien que la foi, le P. de Gerlache, vint à Valentana pour visiter et encourager la garnison. Emmanuel fait entre ses mains une confession générale, comme si Dieu lui avait donné le pressentiment de sa fin prochaine, et reçoit le lendemain la sainte communion à la tête de ses zouaves. La messe à peine achevée, on apprend au comte de la Guiche

____

(1) *II Reg.*, I, 23.

que cent garibaldiens viennent d'envahir Farnèse. Cent garibaldiens! c'est assez pour les battre de vingt-cinq hommes de ligne et de vingt-cinq zouaves. Dufournel, qui commande les zouaves, entre dans le bourg après deux heures de marche, attaque la première maison, en déloge l'ennemi et y établit sa troupe sans perdre un seul homme. Mais les bandes garibaldiennes se sont renforcées, ce n'est pas cent ennemis qu'il rencontre, mais trois cents. Il prend ses mesures pour assurer leur défaite. « Courez à Valentana, dit-il à un dragon qu'il rencontre, dites au capitaine de la Guiche que nous ne sommes que quarante-cinq, mais que nous attaquons. » En attendant du renfort, il veut charger à la baïonnette. Il se tourne vers sa petite troupe, et, faisant le signe de la croix : « Messieurs, il s'agit maintenant d'aller mourir. Au nom du Père, du Fils et du Saint-Esprit, en avant ! » Le voyez-vous comme il vole et à la mort et à la victoire ! Il coupe avec son sabre la corde d'une galerie qui le sépare de l'ennemi, et la barricade à peine tombée, il s'élance, le sabre à la main. Les vingt-cinq zouaves le suivent : c'est le caporal Beaubeau, Gaëtan du Chêne, Ferdinand de Charette, le petit-fils de celui qui a été nommé le saint de la Vendée. Pendant qu'ils se pressent dans l'étroit passage, Dufournel, seul dans la mêlée, est accablé en un moment. Vingt garibaldiens l'entourent, vingt baïonnettes le pressent ; il chancelle, il se redresse, il frappe encore ; on lui arrache son sabre, mais sa main toujours ferme en garde le fourreau et le teint du sang de l'ennemi. Il tombe, percé de quatorze coups : cinq ont été reçus en pleine poitrine, deux sont mortels. Il tombe, mais les siens, un moment séparés de lui, le reçoivent dans leurs bras. Son caporal est blessé à ses côtés ; la mêlée devient furieuse. Voici, du côté de Valtone, de Couëssin avec ses zouaves, tandis que le capitaine de la Guiche accourt de Valentana à marches forcées. Il est temps encore : le combat, commencé à midi, ne s'achève qu'à trois heures ; l'ennemi est en pleine déroute, et Dufournel seul sera la victime de la journée de Farnèse!

Cependant les zouaves prennent leur lieutenant sur leurs épaules, ils le rapportent à Valentana à travers des chemins perdus, une nuit profonde et une pluie torrentielle, et ce n'est qu'à dix heures du soir qu'on peut lui procurer un peu de repos. Comme ses compagnons d'armes s'empressent autour de son lit! Quel spectacle plein d'attendrissement! que de belles larmes! que de touchantes paroles! Les uns le plaignent, les autres le consolent, plusieurs veulent qu'il espère encore. Se tournant vers le médecin : « Combien ai-je encore d'heures à vivre? » Le médecin hésite : « Oh! s'écrie-t-il, parlez, je ne crains pas la mort. » Le P. de Gerlache était déjà auprès de lui avec les onctions des mourants. A mesure que cette sainte liqueur, mêlée au sang de Jésus-Christ, coule sur ses membres meurtris et ensanglantés, les souffrances cessent, le visage se rassérène, et la vertu du sacrement ramène comme une sainte joie sur ce front que l'ennemi n'a point fait plier, que la mort ne fera point pâlir. Ecoutez les derniers battements de son cœur : il regarde ses amis, il distribue ses bijoux, il parle de son père, de sa chère Comté, de ses sœurs; il veut que son cœur soit rapporté dans la terre natale, mais que son corps repose à Rome dans le cimetière de San-Lorenzo, parmi les zouaves morts pour la défense du saint-siége. Il regarde ses plaies saigner et sa vie s'éteindre : « Je suis heureux de voir couler par ces quatorze blessures tout mon sang pour la gloire de l'Eglise.... » « Quelle heure est-il? disait-il quelquefois en interrompant sa prière. » Puis, calculant sa vie, il tire de son doigt une bague qui avait appartenu à sa mère, et la remet au lieutenant Burdo : « Voilà pour mon frère. » Et après un moment de réflexion : « Mon frère arrivera trop tard; » et avec un sourire d'ineffable félicité, « mais il sera content de moi! » et avec un regard vers le ciel : « Je vais être jugé par celui que j'aime. » Ce fut son dernier regard, sa dernière parole, son dernier sourire.

Modeste enfant! contenter son frère, ç'avait été toute son ambition, et en mourant c'était toute sa gloire. Oui, il sera content de toi, ce frère que tu as pris pour modèle, et avec lui, c'est ta famille, c'est ton collége, c'est ta province, c'est ton diocèse, c'est la France, c'est l'Eglise, c'est le pape, c'est Jésus-Christ qui est content de toi. Il arrive enfin de Rome, ce frère si admiré et si chéri, il se jette tout éploré sur la bière de celui qu'il appelle son pauvre et saint Emmanuel, il recueille, il embrasse, il serre contre son cœur cette chemise déchirée, ces cheveux encore chauds de l'ardeur du combat, ce fourreau de sabre avec lequel le héros s'était si bien défendu et qui est tout rouge du sang de l'ennemi. Et il me semble l'entendre dire avec David, dans le cantique sublime où je trouve toutes les consolations de ce jour : *Je pleure sur toi, ô Jonathas, ô mon frère, car je t'aimais comme une mère, comme une mère aime son fils unique* (1). Pendant ce temps-là le peuple de Valentana se presse à la porte de la chambre mortuaire, et répond aux sentinelles qui défendent la dépouille mortelle : « Laissez-nous baiser le cercueil du lieutenant, nous ne venons pas prier pour lui, nous venons l'invoquer. »

Au bout d'une heure, un télégramme arrache le capitaine à ce consolant et glorieux spectacle. Il faut revenir à Rome, car c'est sur sa vigilance d'adjudant-major que repose tout le soin du bataillon. L'ennemi commence à pénétrer dans la ville sainte sous les déguisements de la trahison. Les poignards s'aiguisent, les casernes sont minées, la fidélité du peuple est éprouvée en mille manières. Tous les postes peuvent être attaqués, toutes les rondes de nuit deviennent des combats. Adéodat, qui communie trois fois la semaine, a, comme son frère, un pressentiment du danger qui le menace. Après s'être confessé, à son tour, au P. de Gerlache, il descend dans les souterrains de Saint-Pierre, y entend la messe, demeure, tout le temps que dure le saint sacrifice, prosterné sur le pavé de la basilique, et ne relève la tête que pour recevoir son Dieu : cette tête si ferme, cette figure si haute et si souriante que

____

(1) *II Reg.*, I, 26.

vous lui connaissiez. Son air inspiré n'échappe point au digne prêtre. « Capitaine, lui dit-il , comme vous avez prié ! — Ah ! mon père, pouvais - je prier mal ? Je demandais à la Sainte Vierge la grâce de mourir pour l'Eglise. » A peine rentré chez lui, il y trouve un Comtois : c'est une noble recrue, c'est un fier compagnon , c'est un ancien élève de ce collége , qui lui remet nos lettres et qui en est accueilli avec un sourire pour nous et de précieux encouragements pour lui (1). Mais le soir arrive, il faut se séparer. Soirée du 30 octobre, quelle épreuve affreuse tu nous prépares ! Adéodat veille, en parcourant les rues, le deuil dans l'âme, la main sur le sabre, la prière sur les lèvres. Il court partout où la balle siffle et où le soldat tombe. Il tombe lui-même sous le coup d'une balle égarée peut-être, seul contre trois, en défendant les zouaves qui le suivent et en enfonçant la porte d'une maison ennemie qui était le refuge d'une bande de garibaldiens.Dieu de miséricorde et de justice, vous faut-il encore cette grande victime? Vous pouvez le guérir, vous pouvez le sauver. Sauvez-le, mon Dieu! Sauvez-le, c'est le dernier espoir d'un père, c'est l'unique héritier d'un nom honoré dans la province, c'est la fleur de cette héroïque armée qui vous a si bien servi. Rendez-le, je vous en conjure, à sa famille, à ses amis, à ses soldats dont il est l'idole, à votre vicaire dont il est le soutien. Je m'arrête ici, ô mon Dieu, dans l'application des textes sacrés. J'ai dit des deux frères, avec David : *Ils étaient aimables et beaux pendant la vie.* Ah ! qu'on ne dise point, en achevant le verset, *qu'ils n'ont pas été séparés dans la mort : In morte quoque non sunt divisi.* Permettez-nous un changement dans ce texte: des deux frères, vous avez pris le second, sauvez l'aîné ! et que nous disions cette fois avec plus d'espérance et de consolation que le prophète : *In morte verò sunt divisi.*

---

(1) M. Philibert de Jallerange, parti de Besançon le 22 octobre, enrôlé à Rome, dans les zouaves, dès le 27, et assez heureux pour prendre part, le 3 novembre, à la glorieuse journée de Mentana.

Ah ! que ce deuil, encore plus grand que le premier, ne s'étende ni sur cette noble famille, ni sur cette fidèle province ; n'allez point l'annoncer dans nos villes, car les faibles en seraient scandalisés, les incirconcis s'en réjouiraient, les Philistins de Geth et d'Ascalon en tressailleraient d'une féroce joie (1), tant notre Adéodat est cher aux bons, terrible aux méchants, redoutable aux ennemis de Dieu et de l'Eglise. Je le contemple dans ce lit de douleur, près duquel l'espérance veille encore, les yeux tournés tantôt vers la France, où son père vient de s'embarquer pour aller le revoir, tantôt vers le ciel, où son Emmanuel hésite peut-être à l'appeler. Il frémit de joie, il pâlit de bonheur, au récit du combat de Mentana, car il voit les menaces d'un misérable ennemi tournées à sa honte, les garibaldiens vaincus, leur chef enfermé, l'Italie confondue dans ses criminels desseins, et la France, fière d'une avant-garde qu'elle a assistée de sa présence et de ses armes, repoussant du pied cette barbare écume, la France reprenant l'épée de Pepin et de Charlemagne pour écrire aux frontières de l'Etat pontifical l'arrêt du droit qui ne prescrit point et de la justice qui ne passe jamais : *Tu ne viendras pas plus loin : Nec ampliùs procedes!*

Voilà, ô sainte Eglise, le sang qui a coulé pour toi, le sang qui vient de t'acheter la victoire décisive de Mentana. David, dans sa douleur, maudissait les monts de Gelboë, qui avaient vu tomber Saül et Jonathas. *O monts de Gelboë, que jamais ni la pluie ni la rosée ne rofraîchissent vos coteaux, que jamais on n'y offre les prémices des moissons, puisque c'est là qu'est tombé le bouclier des forts, le bouclier de Saül, comme s'il n'était pas l'oint du Seigneur* (2) ! Mais nous dirons, nous, de ces sept collines où repose la ville éternelle : Fleurissez, soyez riches, ré-

______

(1) Nolite annuntiare in Geth, neque annuntietis in compitis Ascalonis : ne fortè lætentur filiæ Philistiim, ne exultent filiæ incircumcisorum. *II Reg.*, I, 20.

(2) *II Reg.*, I, 26.

pandez la grâce, chantez la victoire, c'est là que nos braves sont tombés, c'est là que leur sang coule, mêlé au sang de Jésus-Christ, au sang des martyrs et des croisés. Non, ce n'est pas la stérilité, c'est l'abondance ; ce n'est pas la mort, c'est la vie. Ecoutez comme la Franche-Comté s'éveille au bruit de ces grandes nouvelles, comme elle affirme ses religieuses convictions, comme elle se donne, comme elle se prodigue, comme le titre de soldat du pape, sacré par la gloire autant que par la foi, est aujourd'hui hautement réclamé et saintement envié. Hier encore elle n'avait que deux volontaires sous les étendards pontificaux, demain elle en comptera cent ; la noblesse, la bourgeoisie, le peuple des villes et des campagnes, chacun veut entrer dans cette glorieuse milice, tant la parole du grand archevêque qui les enrôle est forte et décisive (1), tant les exemples des Dufournel sont entraînants, tant le cri d'Emmanuel a trouvé d'écho dans nos fidèles montagnes : *En avant ! en avant !* O chère Eglise de Besançon, toi qui as été de tout temps la première à l'aumône (2), tu as pris maintenant ton rang dans le combat, tu as été à la peine, et tu as bien mérité d'être à l'honneur. Nous n'avons plus rien à envier ni à l'Anjou ni à la Bretagne. Ils ont leur Pimodan, leur Lamoricière, leur Guérin, leur Quélen, et nous, nous avons nos Dufournel. Eglise de Besançon, réjouis-toi ; vieille terre des croisades, terre des Calixte et des Guillaume, tressaille d'allégresse ! Te

---

(1) Deux cent soixante volontaires du diocèse de Besançon se sont engagés depuis la dernière quinzaine d'octobre dans la légion d'Antibes ; il y a eu aussi nombre d'engagements dans les zouaves pontificaux.

(2) Du 15 octobre au 15 mars, l'*Union franc-comtoise* a recueilli 107,700 fr. pour l'armée pontificale, et les souscriptions franc-comtoises reçues dans les trois journaux de Paris, l'*Univers*, le *Monde* et l'*Union*, s'élèvent à plus de 30,000 fr. Le diocèse de Saint-Claude ne reste point au-dessous de celui de Besançon. M. l'abbé Besson, missionnaire de Lons-le-Saunier, après avoir parcouru le Jura, avec l'autorisation de son évêque, pour recevoir des subsides et enrôler des soldats, a conduit lui-même à Rome vingt-deux volontaires, recrues de nos religieuses montagnes.

voilà glorifiée sur la terre avec notre Adéodat ! Te voilà couronnée dans les cieux avec notre Emmanuel !

Et vous, mes généreux amis, qui avez déjà, malgré votre extrême jeunesse, demandé une place dans la légion de ces braves gens, pardonnez-nous de retenir encore votre pieuse et magnanime ardeur. Cependant l'Eglise ne vous dit point aujourd'hui avec le poëte :

> Non tali auxilio nec defensoribus istis
> Tempus eget.

Car on est utile à l'Eglise dès l'âge le plus tendre, on la sert sous la bannière de son collége comme sous les couleurs pontificales. La règle, voilà votre ordre du jour ; la prière, le travail, l'aumône, voilà vos armes ; les témoignages de bonne conduite, voilà vos bulletins de victoire ; vous avez déjà vos états de service. Servez en écoliers chrétiens, et vous serez, sans le savoir, de braves soldats. Achevez dans le silence et dans l'étude ces obscures batailles livrées au monde, au démon et à la chair. Le jour où la France et l'Eglise auront besoin de vous, vos bras mieux affermis et vos courages mieux trempés seront à la hauteur des tâches les plus périlleuses. Je vous laisse pour devise et pour cri de guerre le mot de notre Emmanuel : *En avant ! en avant !* En avant dès aujourd'hui dans le travail, dans la vertu, dans l'honneur. En avant, maintenant et toujours, jusqu'au sacrifice, jusqu'à l'héroïsme, jusqu'à la mort, jusqu'au ciel. Au nom du Père, du Fils, et du Saint-Esprit. Ainsi soit-il.

(Extrait de l'*Union franc-comtoise* du 8 novembre 1867.)

Le discours qui précède, prononcé à Besançon le 7 novembre, expri-
mait une espérance déjà déçue par l'événement, car Adéodat Dufournel était mort à Rome dès le 5 au soir, après sept jours d'agonie.
Ainsi Emmanuel avait suivi Adéodat dans les batailles ; Adéodat a
suivi Emmanuel dans le martyre et dans la gloire. Emmanuel, mourant six heures après le combat de Farnèse dont il a été la seule victime, disait avec une modestie charmante : « Mon frère arrivera trop
» tard pour me voir, mais pensez-vous du moins qu'il sera content
de moi ? » Adéodat, en effet, ne le retrouva plus sur la terre ; mais,
quinze jours après, il est allé lui porter la réponse au paradis.
Pendant qu'il était sur son lit de douleur, un évêque vint lui rendre
visite et lui exprima l'espérance que Dieu, content du sang versé
par son frère, le conserverait lui-même à son père, à sa patrie, à la
papauté. « Ah ! Monseigneur, répondit le martyr, priez plutôt pour
» que Dieu agrée aujourd'hui le sacrifice de ma vie, car pour moi le
» monde est plein de dangers, et je suis moi-même plein de faiblesses. »
Le P. de Gerlache, qui avait assisté Emmanuel, fut aussi pour
Adéodat l'ange de l'agonie. Il raconte, avec une joie mêlée de larmes,
comment les souffrances de ce brave et renommé capitaine ont été
non-seulement adoucies par les sentiments d'une piété aussi héroïque
et aussi touchante que sa valeur, mais encore éclairées, transfigurées
en quelque sorte, par le sourire du prédestiné. « Il serait difficile,
écrit ce vénérable religieux dans une lettre qui nous est commu-
niquée, de rendre les angoisses d'Adéodat, depuis cette funeste
soirée du 30 octobre jusqu'à celle de sa sainte mort, arrivée le mardi
5 novembre, à 7 heures 46 minutes du soir. L'omoplate était brisée
en plusieurs morceaux, l'épine dorsale disjointe, le poumon lésé.
Cependant nous ne perdîmes pas tout espoir pendant la journée de
jeudi et de vendredi ; l'extraction de la balle s'était faite facilement
et trois saignées avaient produit une heureuse diversion ; mais une
fièvre nerveuse pulmonaire se déclara et nous enleva toute lueur

d'espérance. Quant au glorieux martyr, il était calme, résigné, serein, ne parlant que de Dieu et des divines blessures du Sauveur auxquelles il unissait les siennes, éloignant avec une pieuse obstination tout ce qui lui rappelait le monde, où son avenir militaire était si beau, et remerciant avec une grâce mêlée d'une certaine teinte de mélancolie, tous ceux qui lui parlaient de la perte qu'allaient faire dans sa personne ses parents, ses amis, l'armée et l'Eglise. Dans la journée du mardi, ses forces s'affaiblirent. « Mon père, s'écria-t-il en me prenant les mains, pensez-vous que je n'aie jamais manqué à mon devoir et que j'aie bien surveillé tous les postes? » Les médecins assuraient qu'il passerait encore la nuit; mais, vers sept heures, le trouvant plus calme, je l'engageai à recevoir une troisième fois le corps et le sang de ce Dieu pour lequel il avait donné sa vie; il accepta avec un pieux empressement, et ce fut pendant son action de grâces que son âme alla rejoindre au ciel le chœur de martyrs qui chantent devant l'Agneau sans tache immolé pour le salut du monde. » Ainsi mourut ce héros si brillant de santé, de courage et de vertu. D'après une lettre adressée à un membre de la famille par M. le baron de Charette, témoin de ses derniers moments, ses lèvres, qui avaient gardé avec une sainte obstination le sourire de l'espérance au milieu des plus vives douleurs, le conservèrent encore après la mort, comme un reflet de la gloire et de l'immortalité. « Le jeudi 7 mars, continue le P. de Gerlache, MM. de Charette, Le Gonidec, de Couessin et moi, nous ensevelîmes ce corps si pur, dont la figure était déjà resplendissante de la béatitude céleste, et le lendemain 8, nous le portâmes près de son frère, dans la chapelle de Mme de Charette, en attendant les ordres de la famille. »

Cependant, le père des deux martyrs, parti de Gray à la nouvelle de la blessure d'Emmanuel, fut arrêté à Aix par la nouvelle de sa mort; il quitta Aix en apprenant la blessure d'Adéodat, mais il arriva trop tard à Rome pour le voir. Son courage est demeuré à la hauteur de sa glorieuse infortune. Le pape a voulu le voir, avec sa fille qui l'accompagnait et qui s'était faite l'Antigone de cette grande douleur. Il l'a embrassé, et le tenant étroitement serré dans ses bras : « Monsieur Dufournel, lui a-t-il dit, vous m'avez donné deux soldats, je vous rends deux saints. » Il ajouta un peu après : « Je ne puis ni vous consoler ni vous récompenser, mais vous ne refuserez pas un témoignage de mon affection. Recevez cette croix, je veux que la gloire de vos fils brille sur votre poitrine. » Et en disant ces paroles, il voulut lui mettre au cou la croix de commandeur de l'ordre de Pie IX ; mais ses mains tremblèrent, ses yeux se remplirent de larmes, il ne put achever, et se tournant vers la sœur des martyrs : « Ma fille, les forces me manquent ; prenez, c'est vous qui décorerez votre père.»

Citons, pour terminer ce récit, quelques traits des correspondances de Rome : « Ce matin, dit un zouave dans une lettre datée du 9 no-
» vembre et reproduite par la *Presse* du 18, nous avons été à un ser-
» vice pour nos deux Dufournel. Leur sœur, qui était venue pour les
» voir, est restée à Rome pour soigner les blessés. » Tant qu'a duré son séjour, la pieuse jeune fille a fait admirer sa charité dans les hô-pitaux et dans les ambulances de l'armée pontificale. Sa douleur se soulageait à panser les plaies des compagnons d'armes de ses frères, et les traits qu'elle recueillait de la bouche de tous ceux qui les avaient connus, lui donnaient chaque jour, avec un nouveau re-gret, un nouveau sujet d'actions de grâces envers Dieu. Le caractère, le courage et les mérites des deux Dufournel seront longtemps un cher entretien à la cour du pape, à l'armée, à la noblesse romaine, aux voyageurs français qui ont eu des relations avec eux, et leur nom ne périra pas plus à Rome qu'en Franche-Comté. Un zouave écrit à l'auteur de ce discours : « La mort des Dufournel est la plus grande perte de toute la campagne. » Un député au Corps législatif, membre du comité de Saint-Pierre, M. Kolb-Bernard, déclare qu'Adéodat « passait pour l'officier le plus distingué de toute l'armée pontificale.» Un des défenseurs les plus savants du saint-siége, M. Henri de l'Epi-nois, s'exprime ainsi : « J'ai passé à Rome l'hiver dernier, j'ai beau-coup connu ces aimables et glorieux jeunes gens, je les ai tendrement aimés, et ils le méritaient bien, car ils étaient si parfaits et si sym-pathiques ! » Selon Mgr de Mérode, archevêque de Mélitène, aumônier de Sa Sainteté, si bon juge en matière de courage et de dévouement, « on ne parle pas des Dufournel et on ne lit pas le récit de leur
» mort sans verser des larmes. » Une dame anglaise, que Rome admira pour sa piété et pour sa vaillance dans les derniers événe-ments, Mme Stowe, appelle les Dufournel « nos deux saints et chers soldats. »

Tels furent ces deux frères, que Dieu n'a voulu séparer ni dans la vie ni dans la mort, et qui, après avoir été si beaux dans la bataille, ont eu tant de sérénité et de douceur dans leur agonie. Ils ont moissonné en quinze jours autant de lauriers que leur famille et leur patrie pouvaient leur en souhaiter dans une longue carrière. On se bat pour les rois de la terre comme ils se sont battus pour le pape ; mais ce n'est que pour Dieu et pour l'Eglise que l'on meurt comme ils sont morts, avec cette grâce et cette espérance qui fleurissaient encore sur leurs lèvres décolorées. Leur corps est demeuré à Rome dans le cimetière de San-Lorenzo ; leur cœur, rapporté en Franche-Comté, repose à Renaucourt. Deux mots pourront suffire pour résumer dans une épitaphe leur caractère, leurs mérites et leurs vertus : l'un sera emprunté à l'Ecriture :

Amabiles et decori in vitâ suâ, in morte quoque non sunt divisi.

L'autre à Corneille, ce génie qui peignait si bien le mâle et tendre courage :

Et, lions au combat, ils meurent en agneaux.

Pour justifier et compléter les détails donnés sur le caractère, la vie et la mort de MM. Dufournel, nous publions deux rapports de leur aumônier, le P. de Gerlache, et une lettre d'un de leurs compagnons d'armes, M. Jacquemont, capitaine aux zouaves pontificaux, pièces que nous avons été spécialement autorisé à reproduire, dans l'intérêt d'une gloire religieuse et militaire si précieuse à la Franche-Comté et à l'Eglise. On lira avec non moins d'intérêt une lettre d'Adéodat Dufournel, datée de 1862, et empruntée à l'intéressant ouvrage de M. le comte de Poli, intitulé *Les Soldats du pape.* Ces lignes, où se peint si bien le cœur du héros, sont une de ces reliques précieuses sur lesquelles les yeux de ceux qui l'ont connu aimeront à s'attacher.

RAPPORT ADRESSÉ A MGR TIZZANI,

GRAND AUMONIER DE L'ARMÉE PONTIFICALE.

SUR L'AFFAIRE DE FARNÈSE,

19 octobre 1867.

Depuis plusieurs jours, la garnison de Valentano, composée de la 4ᵉ compagnie du 2ᵉ bataillon de zouaves, d'un détachement de la 3ᵉ et de la 4ᵉ du 1ᵉʳ, d'une centaine de gendarmes et de cinquante fantassins, s'attendait à opérer, avec nos garnisons de Monteliascone et de Bagnorea, contre la forteresse de Torre Alfina. Le Piémontais Acerbi s'étant établi dans ce château, avec environ mille hommes déterminés, se maintenait en relation suivie avec la frontière, et rançonnait Acquapendente et les bourgs environnants. Cette opération fût abandonnée, faute de canons.

C'était en prévision de ces événements que je fus envoyé dans la province de Viterbe. Bien que l'attaque de Nérola fût imminente, on ne voulait pas laisser sans aumônier les trois compagnies qui occupaient la partie nord de l'Etat. Je partis de Rome, jeudi 17, à trois heures vingt, et arrivai le soir à Civittà-Vecchia. Un jeune zouave, M. Victor de Jerphanion, que je rencontrai en wagon, m'engagea à ne pas me rendre la nuit à Viterbe. « Cette route, me dit-il, n'est sûre, en ce moment, pour personne ; beaucoup moins pour un jésuite, aumônier de zouaves. Je vais à Valentano , où se trouve un détachement des troupes vers lesquelles vous êtes envoyé : faisons route ensemble, nous nous garderons mutuellement et vous atteindrez votre but de la même manière. » C'était le Seigneur qui inspirait ces paroles à ce bon zouave : sans lui, je ne me serais pas trouvé à temps à Valentano. Je me rendis à sa proposition : nous allâmes coucher à Montalto, et le lendemain à midi, nous étions à Valentano.

L'affaire de Torre Alfina étant manquée, je dis à MM. les officiers que je désirais me rendre de suite à Nérola, où l'on allait se battre, et que je ne m'arrêterais pas longtemps. Il fut convenu que je partirais à quatre heures et que je passerais quelque temps à l'église pour y recevoir les confessions, si quelqu'un désirait s'approcher des sacrements. Parmi les officiers avec qui je causai le plus longtemps et le plus intimement avant de me rendre à l'église, je remarquai un sous-lieutenant que je sus plus tard être M. Emmanuel Dufournel. Ce fut lui, à ce que j'appris le surlendemain à mon retour, qui voulut faire le premier une confession générale, comme s'il eût eu le pressentiment de sa fin prochaine. Je me mis au confessionnal à deux heures et en sortis à six ; le projet de départ pour Nérola était abandonné. Le Seigneur m'avait retenu dans les desseins de sa divine miséricorde à Valentano. Le lendemain, à huit heures, officiers et soldats, au nombre de 25, communièrent, et je partis pour Bagnorea.

En me serrant la main , au moment où je montais en voiture, un officier me dit: « Pourquoi nous quitter, mon Père, vous nous avez fait du bien, nous désirons vous avoir à notre côté au dernier moment. » Mon devoir m'appelait près de la garnison de Bagnorea. J'étais aussi édifié que consolé de l'état dans lequel je laissais ces généreux soldats de l'Eglise. Je partis vers neuf heures et demie. Cependant, en montant en voiture, un certain pressentiment m'agitait le cœur. J'avais entendu discuter devant moi la question d'une reconnaissance dans la direction d'Ischia, afin d'arrêter les recrues que l'on dirigeait de Farnèse vers San-Lorenzo et Bolsena. Il était question de n'envoyer que vingt-cinq hommes pour cette affaire, et la situation de la frontière de Toscane me semblait trop mauvaise pour prendre aussi peu de précautions.

Vers dix heures, le commandant de la Guiche annonça que ses espions l'avaient renseigné sur la marche d'une trentaine de recrues, et qu'il lui fallait cinquante hommes pour les arrêter. On organisa un petit corps composé de 20 zouaves, 16 fantassins et 9 gendarmes. Le commandement fut donné au capitaine Sparacane, de la ligne, et au lieutenant en second Dufournel, des zouaves. On se mit en route vers onze heures ; en même temps partait le capitaine de Couessin, à la tête de cinquante zouaves, se dirigeant vers Farnèse, par le lac de Mezzano, afin d'y couper la retraite aux garibaldiens. Il était environ midi lorsque M. Dufournel et sa petite troupe arrivèrent à Ischia, où ils furent reçus par les cris de *Vive Garibaldi !* Il traversa le bourg et, s'avançant sur la route de Farnèse, il arrêta, à un endroit où le chemin fait coude, deux campagnards se disant de la frontière de Toscane et qu'il suspectait à bon droit. Ces espions, car c'en était deux, lui apprirent que le village de Farnèse était occupé par une troupe assez considérable de garibaldiens ; qu'une partie était arrivée la veille, une autre la matinée même, de la direction du Voltone ; qu'ils étaient parfaitement armés, s'étaient fortifiés dans le couvent des capucins, et pouvaient être au nombre de 300 ; que, du reste, leur avant-poste était à une petite chapelle distante d'environ un mille, et qu'un détachement de quinze hommes occupait la maison de culture (casale) située 500 mètres plus loin. Devant des renseignements aussi graves, M. Dufournel se recueillit pendant quelques instants, puis consulta le capitaine de ligne. Trois partis étaient à prendre : se retirer vers Valentano jusqu'à ce que le détachement de M. de Couessin ait paru, se fortifier à Ischia, attaquer Farnèse. Le premier projet eût ressemblé à une fuite, le second laissait grand risque de se faire cerner par les garibaldiens de Farnèse aussi bien que par les habitants d'Ischia. Ce fut au troisième projet que l'on s'arrêta ; il était à la fois plus généreux et plus sage. Cependant, avant d'engager une lutte si inégale, on envoya un dragon à Valentano pour demander un prompt secours à M. de la Guiche, avec prière de se porter sur Farnèse par la route de Canino, du côté opposé à celle par où arrivait **M.** de Couessin. Un détail ajouté à ce tableau montre comment, en ce moment solennel, lorsque notre brave lieutenant allait jouer sa vie, il était calme et gracieux tout à la fois. Jusqu'alors la course de Valentano à Ischia n'avait pas compté ; c'est à cet instant seulement que la lutte s'élève à la hauteur qu'il a ambitionnée ; il va offrir sa vie pour la cause de Dieu et de son Eglise. Tirant lentement de la poche de son manteau ses gants d'uniforme, Emmanuel les mit avec soin, ajusta son képi, et, enlevant son sabre du fourreau, il salua de la lame le détachement qu'il commandait : « C'est ici, mes enfants, dit-il, qu'il nous faut mourir. *In nomine Patris, et Filii, et Spiritùs Sancti*..... En avant !... »

Lorsque Emmanuel arriva plein d'ardeur avec ses soldats, à une centaine de mètres de l'avant-poste, quelques coups de feu furent tirés sur sa troupe. C'étaient les soldats garibaldiens qui fuyaient ; le poste fut occupé et un soldat ennemi blessé mortellement. Approchant du casale où se trouvaient une quinzaine de garibaldiens, les fantassins se réunirent pour attaquer la maison par la gauche. Le lieutenant marchait de face, suivi de **MM.** de Charette, Duchène, Beaubeau. **MM. B.** du Plessis-Quinquis , Tarabini, de Jerphanion et d'autres devaient tourner par la route. Les garibaldiens échangèrent avec nous quelques coups de fusil en fuyant ; leurs balles ne nous atteignirent pas, et les nôtres blessèrent deux des leurs. Nous occupâmes alors le casale, les fantassins l'étage, **M.** Dufournel la partie inférieure servant de remise et donnant sur la vigne, où il se barricada par une porte en jonc attachée avec des cordes de plantes sauvages. Malheureusement, l'emplacement, qui paraissait avantageux comme construction pour offrir de la résistance, et où l'on eût pu attendre les deux renforts de **MM.** de Couessin et de la Guiche, qui arrivèrent avant deux heures et demie, avait un inconvénient capital. Les jours étaient percés sur la route à droite et sur la vigne à gauche, et ne donnaient aucune issue sur Farnèse pour se défendre contre les garibaldiens, qui commençaient à descendre en grand nombre. Il était environ une heure et demie lorsque **M.** Dufournel, voyant qu'il fallait, en bon pasteur, donner sa vie pour son troupeau, résolut de se jeter à la rencontre des assaillants, qui atteignaient la maison. Pendant que les fantassins en haut et le détachement de **M.** du Plessis, à droite, tiraient avec succès sur l'ennemi, **M.** Dufournel s'élança contre la palissade de jonc qu'il avait attachée, en coupa les ligaments à coups de sabre et voulut sortir. Malheureusement, cette barrière ne tomba pas à plat, elle ne s'ouvrit qu'en biais, retenue par une courroie du haut. Au lieu de sortir cinq de front, ce fut à peine si le caporal Beaubeau put sauter en dehors; il fut à l'instant frappé de trois coups de baïonnette. M. Ferdinand de Charette s'embarrassa dans le jonc et tomba; mais ce n'était pas son sacrifice que demandait le Seigneur. Le lieutenant avait suivi le caporal; comme lui, il fut frappé de plusieurs coups de baïonnette, au moment où de son sabre il abattait un garibaldien à ses pieds. Il tombe, il se relève, il frappe, on lui arrache son sabre, on lui enlève son révolver; il se traîne dans la lutte jusqu'à l'angle de la maison, où on lui enfonce une baïonnette dans le poumon, et où on l'assomme à coups de crosse de fusil. Pendant que ces misérables s'acharnaient sur leur victime, on entendait au loin le corps de M. de la Guiche qui s'avançait aux cris de *Vive Pie IX!* car, à une heure et quart, le dragon était arrivé à Valentano, et aussitôt cinquante hommes s'étaient élancés au pas de course vers Farnèse. La bravoure des compagnons d'Emmanuel l'avait délivré; couvert de sang et affaibli par la douleur, il avait eu le courage de rentrer dans la remise, où il·était tombé à côté de deux garibaldiens qui venaient d'expirer. Sa poitrine était percée de six coups, on en comptait huit sur le reste du corps, et un autre avait été porté au milieu du front. Dans ce triste état, aucune plainte ne s'exhalait de sa bouche. « Les cruels, dit-il dans un moment de douleur, après m'avoir donné le coup de la mort, pourquoi me frapper encore? »

Cependant, à deux heures et demie, le poste était enlevé et les garibaldiens en fuite. Le lieutenant Burdo, envoyé par M. de la Guiche, suivi de MM. Harscoët et Derély, et un détachement de 50 hommes, étaient arrivés par les vignes et poussaient vigoureusement l'ennemi vers Farnèse. Vers trois heures, M. de Couessin débouchait du côté de l'ouest et déterminait l'abandon de Farnèse par les garibaldiens. Le lieutenant Burdo fut envoyé avec un détachement pour s'assurer du couvent des capucins, qui leur avait servi de forteresse et où ils venaient d'assassiner deux frères convers pour montrer leur dépit et leur rage inique. L'ennemi en fuite abandonnant Farnèse, huit morts et vingt-cinq blessés, tel était le résultat de nos généreux efforts.

Il était près de quatre heures lorsque nos soldats victorieux se réunirent autour de cette maison où gémissaient la noble victime qui s'était offerte au Seigneur et son valeureux compagnon Beaubeau. Une pluie battante commençait à tomber et devançait encore l'obscurité de la nuit. Pendant que le lieutenant Martini consolait et encourageait les deux blessés, on fit venir d'Ischia un char traîné par des bœufs, où ils furent placés, et on se mit en marche vers quatre heures et demie ; mais bientôt l'inégalité du pas de l'attelage et la dureté du véhicule firent renoncer à ce mode de transport. On eut recours à des civières qui furent placées sur les épaules de quatre soldats. Il ne faut pas songer à dire ce que durent souffrir nos deux martyrs pendant un trajet de cinq heures , par des chemins défoncés et par une pluie presque constante qui, jointe à l'obscurité, ôtait aux porteurs la sûreté du pas, les faisait tomber fréquemment et imprimer de douloureuses secousses à ceux à qui ils portaient un si tendre intérêt. Disons seulement que M. Dufournel ne fit entendre aucun cri, aucune plainte, pendant ce long supplice, et qu'arrivé à Valentano, où il fut déshabillé péniblement par ses compagnons d'armes, un sourire mélancolique errait seul sur ses lèvres; il semblait qu'il se fût agi d'un autre que lui.

Cependant sa faiblesse augmentait et sa mort était imminente; un chirurgien appelé de Martha déclara que les blessures étaient d'une gravité telle qu'il ne comprenait pas qu'il pût survivre aussi longtemps ; le cœur était atteint et le poumon transpercé à une profondeur de onze centimètres. Vers trois heures du matin, on appela le curé de la paroisse, qui administra au mourant les sacrements de l'eucharistie et de l'extrême-onction. Puis, se retournant vers le lieutenant Burdo, qui lui soutenait la tête, le héros lui confia ses dernières dispositions. « Mon cœur sera porté en France, mon corps au cimetière de Saint-Laurent, cette bague à mon frère, elle vient de notre mère : j'espère qu'Adéodat sera content de moi. » Il s'entretint doucement avec ses frères d'armes du bonheur de mourir pour l'Eglise, au milieu de ses amis, jusqu'au moment où ses lèvres, qui venaient de prononcer les noms de Jésus et de Marie, s'arrêtèrent, et un léger soupir annonça que l'âme d'un nouveau martyr était allée se joindre, au ciel, à ceux qui entourent le trône de l'Agneau. Il était six heures du matin.

Eugène DE GERLACHE,
De la Compagnie de Jésus.

2ᵉ RAPPORT.

LE CAPITAINE ADJUDANT - MAJOR ADÉODAT DUFOURNEL,

Blessé à l'attaque de la Cecchina le 30 octobre, mort le 5 novembre 1867.

Le mercredi 30 octobre, lendemain de mon retour de Viterbe, j'allai, vers sept heures du matin, à la Confession de Saint-Pierre pour y célébrer la sainte messe à l'intention des soldats qui m'avaient été confiés. Je rencontrai sur la place du Vatican le capitaine Dufournel, qui avait passé la nuit sur pied, à surveiller divers postes de ce quartier. Apprenant le but de mon pèlerinage, il voulut m'accompagner ; c'était la dernière messe qu'il devait entendre. Je fus frappé, pendant cette messe, de son attitude pleine de recueillement et de l'expression inspirée de sa figure. Comme je lui en faisais ensuite la remarque :

«Mon père, me répondit-il, j'ai demandé à la sainte Vierge la grâce de mourir pour la défense du saint-siége. »

Ce vœu devait être promptement exaucé.

Le même jour, vers six heures du soir, il demanda à pouvoir s'emparer d'une maison située rue de la Cecchina, où l'on tenait auberge, et qui passait pour servir d'infirmerie aux garibaldiens. Le colonel Allet y ayant consenti, il partit avec une vingtaine de soldats. La nuit était obscure ; quelques réverbères éclairaient mal cet assaut, rendu en outre fort difficile par la situation de la maison, adossée en talus à la villa Barberini. Le courage de nos braves zouaves, le talent de leur chef, ne remplaçaient pas l'aptitude et la lenteur que des gendarmes et des sapeurs eussent mises à une semblable attaque. A peine les premiers coups de feu furent-ils tirés, le valeureux capitaine s'était élancé sur les marches de l'escalier qui sépare la porte d'entrée de la cour supérieure ; il fut renversé par une balle qui lui traversa le dos, d'épaule à épaule. Un de ses soldats, Antoine Huygen, eut la jambe cassée (il est mort à l'hôpital le 23 novembre). Bientôt arriva le poste de Saint-Onofrio, composé de dix soldats et d'une quinzaine de recrues de Saint-Calixte, qui, s'élançant au cri *Avanti ! avanti !* proféré par le blessé, prirent la maison et infligèrent à ses habitants la juste peine qu'ils méritaient.

Pendant ce temps-là, l'héroïque capitaine gisait sur le pavé de la rue, dans d'affreuses douleurs. Porté à l'hôpital du Saint-Esprit, il reçut de l'abbé Daniel les secours de la religion, et subit l'opération de l'extraction de la balle, faite avec talent par le docteur Vincenti. L'omoplate droite était fracturée en plusieurs morceaux, l'épine dorsale atteinte, et l'épaule gauche, par où la balle avait été extraite, légèrement fracturée. L'état du poumon paraissait satisfaisant, mais on reconnut plus tard qu'il y avait eu lésion. La nuit fut bonne, et quand j'arrivai le lendemain près du malade, tout espoir n'était pas perdu. Comme les douleurs étaient grandes, je lui présentai la dévotion à la sainte épaule de N. S. J.-C., telle qu'elle fut révélée à sainte Brigitte, et avant elle à saint Bernard. Aussitôt, son œil brilla d'un éclat plein de feu et de douceur. Serrant ma main, qu'il porta à ses lèvres :

— Merci, mon père, dit-il.

Et une larme mouilla sa paupière.

On pratiqua trois saignées au patient dans le courant de la journée.

— Ces saignées, dit-il, guériront ma blessure, peut-être, si l'épine dorsale n'est pas atteinte, mais développeront une fièvre nerveuse qui m'emportera.

L'événement justifia son pressentiment.

Vers neuf heures du matin, le souverain pontife avait envoyé sa bénédiction au cher capitaine. Un des prélats du Vatican avait même eu la bonté d'apporter un morceau de la soutane du saint-père. Adéodat reçut cette relique avec une foi et un empressement respectueux. Il la baisa plusieurs fois et la posa sur sa blessure. Nous l'attachâmes ensuite à l'écharpe qui lui couvrait les épaules, afin qu'elle se trouvât toujours près de ses blessures.

Le médecin avait ordonné des fortifiants pour lutter contre la faiblesse produite par les pertes de sang; mais tout potage, consommé ou cordial, répugnait au malade ; il refusait obstinément d'en accepter et demandait de la limonade. J'appris par ses compagnons d'armes que jamais il ne prenait de potage : c'était une habitude d'enfance, et il l'avait conservée au régiment. La sœur qui le soignait, M. de Parcevaux et son ordonnance, étaient désolés de ce refus, et me demandèrent, pendant une nuit que je passai à son chevet, d'en parler au malade.

— Capitaine, lui dis-je, le Seigneur souffrit beaucoup de la soif pendant sa Passion ; unissez-vous encore à cette souffrance, acceptez une boisson qui vous déplaît, et cet acte de vertu vous désaltérera pour la vie éternelle.

Aussitôt, M. Dufournel fit un vif mouvement d'acquiescement, accepta quelques gorgées de bouillon, et depuis lors, toutes les fois qu'on lui offrit à boire, il donna la préférence au bouillon.

Le jour de la Toussaint, il se confessa avec de grands sentiments de foi, et le lendemain, 2 novembre, il reçut la sainte communion pour le repos de l'âme de son frère Emmanuel.

Cependant, la marche de la maladie était telle qu'il l'avait prévue; aux douleurs des pansements, qui étaient cruelles, vint se joindre une forte fièvre qui ruina les dernières ressources du malade. Les sœurs de la Charité qui le soignaient, les deux zouaves qui l'assistaient, ne pouvaient se lasser d'admirer cette sérénité , ce calme parfait, cette union avec Dieu, ce désir du ciel, cet oubli de la terre, que manifestait à chaque moment celui dont ils auraient si vivement désiré pouvoir prolonger les jours. La société romaine tout entière s'était émue en apprenant qu'elle était menacée de le perdre. Officiers et soldats se pressaient à la porte de sa chambre pour prendre de ses nouvelles ; lui seul paraissait heureux au milieu de la douleur générale, son sacrifice avait été accepté par le Seigneur, et son âme entrevoyait déjà le ciel. L'exquise tendresse de son cœur se montra cependant, lorsque l'arrivée de blessés et le transport du lieutenant de Mirabal dans sa chambre, lui firent comprendre combien de sang nous avait coûté la victoire de Mentana. Comme il s'inquiétait du nombre des victimes et de leurs noms, je dus lui apprendre que le capitaine de Veaux avait succombé. Cette nouvelle l'affecta péniblement , mais bientôt il reprit sa sérénité ordinaire.

La nuit suivante fut mauvaise ; les forces diminuaient et le délire était devenu presque constant. Tantôt notre cher malade se préoccupait du retour du corps de son frère, que nous avions ramené de Valentano, tantôt son imagination était frappée des principales scènes de la triste nuit du 23 octobre.

— Mon père, s'écriait-il en me serrant convulsivement la main, mon père, croyez-vous que j'aie toujours fait mon devoir,.... croyez-vous que j'aie bien visité tous les postes?.... Jamais je n'ai fait tort à personne. O mon père, mon père, on ne peut vous connaître sans être votre ami ; priez pour moi.

Puis la fièvre revenait, accompagnée de fortes transpirations et suivie d'une grande prostration des forces.

Nous espérions tous le conserver jusqu'au lendemain, quand vers quatre heures et demie, le docteur Ceccarelli vint le voir et trouva la respiration gênée. Il me prit à part et me dit de passer la nuit dans la chambre, car ce serait la dernière. Je saisis alors un moment de calme pour demander au cher malade s'il ne voulait pas profi-- ter de la faculté que le saint-père lui avait accordée de communier trois fois par semaine sans être à jeûn.

— Bien, bien, dit-il, je communierai demain matin, confessez-moi de suite.

Je l'engageai à recevoir après sa confession le saint viatique, et il y consentit en disant :

— Mon Dieu, je vous aurai reçu trois fois dans le cours de ma maladie.

Il se confessa aussitôt avec une grande ferveur et une parfaite lucidité d'esprit, demanda pardon de ses impatiences, et s'unit avec de fréquents élans du cœur aux actes de foi, d'amour et de repentir que je formulais, avant de le mettre en possession du corps et du sang d'un Dieu à qui il avait sacrifié sa vie. Je me rendis ensuite à la chapelle pour y chercher le saint sacrement, et remarquai en rentrant, l'empressement avec lequel il se disposait à recevoir son divin Sauveur.

Son œil s'ouvrit avec une expression pleine de respect et de tendresse. Il reçut la sainte hostie d'une manière tout angélique, et ensuite laissa doucement reposer sa tête de côté. Ayant reporté le saint sacrement à la chapelle de l'hôpital, je vins m'agenouiller au chevet du bien-aimé capitaine, et lui suggérai les actions de grâces usitées après la communion, auxquelles il parut parfaitement s'unir.

Le voyant si calme et si recueilli dans son union avec le Seigneur, je crus pouvoir le laisser pendant quelques instants seul avec M. de Parcevaux et la sœur. J'avais à me rendre avant la nuit près de M. Carlos d'Alcantara, dont la blessure causait des inquiétudes. Je ne devais plus revoir mon cher Adéodat; lorsque je rentrai à l'hôpital, à huit heures, son âme était allée, je l'espère, considérer le Seigneur face à face. Il avait expiré doucement vers sept heures quarante-cinq minutes, et son visage était animé d'une expression toute céleste.

Ainsi venait de finir sa carrière, à l'âge de vingt-neuf ans, celui que le régiment des zouaves et l'armée pontificale tout entière appelaient *l'officier le plus complet* que l'on eût dans les rangs ; intelligence élevée, caractère généreux, instruction solide, mœurs irréprochables, piété profonde, rien ne semblait lui faire défaut, et ce fut lui que le Seigneur choisit en sacrifice.

— Mais d'où venait, dira-t-on, cette mélancolie, ce désir de la mort, qui se manifestait si souvent dans cette âme d'élite ? Pourquoi, à Terni, quelques mois avant Castelfidardo, voulait-il déjà se jeter au milieu des balles garibaldiennes ? Pourquoi, l'an dernier, aux environs de Velletri, ambitionnait-il si vivement le bonheur d'un sergent frappé dans une rencontre avec l'ennemi ? Pourquoi, il y a vingt jours, envoyé à Monte-Libretti pour y chercher le corps de M. de Quélen, pourquoi, devant ce corps mourant, Adéodat disait-il avec enthousiasme, en levant les yeux au ciel :

— O mon Dieu, la belle mort ! Le ministre des armes ne me fera-t-il donc jamais la faveur de m'envoyer dans de pareilles rencontres !

Dieu seul sait le motif qui le faisait parler ainsi.

Adéodat et Emmanuel étaient des hommes de sacrifice, et le sacrifice ne s'arrête qu'à la mort. Lorsque, sur son lit de douleur, à Valentano, le lieutenant allait consommer le sien, il sembla contempler les blessures par où sa vie s'échappait, et, regardant son ami Charles Burdo :

— Mon frère, dit-il, sera content de moi.....

Oui, Emmanuel, votre frère sera content de vous, vous avez été unis dans une même pensée d'immolation, vous le serez dans la récompense comme dans la mort, *in morte non sunt divisi*. L'âme de votre Adéodat est allée vous rejoindre dans le sein de Dieu ; son corps reposera près du vôtre au Campo-Verano, et son cœur prendra aussi la route de la Franche-Comté.

Le jeudi 7 eut lieu l'autopsie du corps et l'extraction du cœur par les docteurs Constantini, Vincenti et Ceccarelli ; ils constatèrent à l'épine dorsale et au poumon, des lésions organiques qui ne laissaient aucun espoir de guérison. Un tempérament aussi sain et aussi vigoureux que celui de M. Dufournel avait seul pu lutter pendant cinq jours contre des lésions aussi dangereuses. Nous ensevelîmes ensuite nous-mêmes, M. de Charrette, lieutenant-colonel, MM. les capitaines le Gonidec, de Couessin, de Kersabiec et moi, un corps instrument de tant de vertus et dont le visage avait conservé une grâce et une sérénité angéliques, et nous signâmes le procès-verbal dressé par le chirurgien. Le lendemain 8, le corps fut conduit au cimetière de San-Laurenzo par MM. de Charette, de Couessin et de Gastebois, et placé dans la chapelle de Mme la baronne de Charrette, où je célébrai la sainte messe, comme, aux premiers siècles, dans ce même cimetière de sainte Cyriaque, les chrétiens venaient célébrer les saints mystères sur la tombe des martyrs.

M. Dufournel, père des deux héros, arriva à Rome avec sa fille, le vendredi soir. Il fut reçu par Sa Sainteté le samedi, et quitta, le 14, une ville où la gloire qui s'est attachée à son nom lui vaudra la plus illustre postérité.

Eugène DE GERLACHE,
De la compagnie de Jésus.

Rome, le 16 novembre 1867.

LETTRE DE M. JACQUEMONT,

CAPITAINE AUX ZOUAVES PONTIFICAUX,

A M. L'ABBÉ BESSON.

Montaud, 22 février 1868.

J'ai lu avec le plus vif plaisir cet éloge funèbre, qui a bien réalisé ce que j'en avais ouï dire. Personne ne pouvait comme vous, Monsieur, louer ces deux admirables jeunes gens, et vous l'avez bien prouvé. Ils sont, dans votre discours, tels que nous les avons connus, *amabiles et decori*; c'est bien le mot qui peint leur physionomie. Si vous aviez pu les suivre dans leur vie militaire, vous auriez peut-être, Monsieur, ajouté un trait à cette esquisse. Les deux Dufournel étaient militaires par excellence. Il y avait en eux comme une flamme guerrière toujours brûlante et inquiète, faute d'aliment. Leur mort n'a surpris personne de leurs camarades. On pouvait tout attendre de leur audace et de leur énergie ; c'étaient deux âmes d'une trempe extraordinaire. Quelques traits d'Emmanuel mourant en sont bien la preuve ; je ne sais si on vous les a rapportés avec les autres. Pendant cette nuit sublime qui a précédé sa mort, il se fit tranquillement compter ses blessures. « J'en ai quatorze, dit-il, et toutes par-devant ! » Un moment après, M. Burdo lui montra son porte-monnaie, qui avait par hasard arrêté un coup de baïonnette juste sur son cœur : « Voilà, dit en souriant Emmanuel, de l'argent bien placé. » Au milieu de souffrances atroces, il trouvait moyen de plaisanter, comme de prier. On n'a jamais rien vu de plus beau dans aucune vie de guerrier.

Vous ferez ce que vous voudrez de mon témoignage, Monsieur ; c'est tout simplement celui d'un ami. Tous les anciens zouaves pontificaux vous parleront comme moi. Tous vous diront qu'Adéodat était un officier admirable, adoré de ses soldats, entouré de l'amitié universelle de ses camarades. Fêté et recherché partout, dans le monde comme au régiment, il n'y avait pourtant pas d'éloge qui pût diminuer sa modestie, ni de plaisir qui dissipât sa mélancolie habituelle, marque d'une âme supérieure. Il serait difficile de voir réalisée sur la terre une figure plus idéale. — Je ne crois pas, Monsieur, en vous parlant ainsi, être aveuglé par l'amitié et le regret, et si vous citez mes paroles, vous pourrez les donner hardiment comme l'opinion générale de tous les zouaves pontificaux.

L. Jacquemont.

La lettre d'Adéodat Dufournel, rapportée par M. le comte de Poli, est du 19 avril 1862. Elle est adressée à Mme de Nanteuil, dont le fils, camarade intime d'Adéodat, avait succombé à Castelfidardo. L'intérêt qu'elle offre se partage entre la Bretagne et la Franche-Comté. Le Breton qui en est le sujet était bien digne de l'amitié du jeune Comtois qui l'a écrite ; et on verra, par les sentiments dont elle est remplie, que notre Adéodat vivait, écrivait et pensait, dès le début de sa carrière, avec autant de générosité et de dévouement qu'il en a montré dans le martyre de sa mort.

« Madame,

» Lorsque M. de la Villeaucomte se fut engagé dans les zouaves, je parlais souvent avec lui de votre fils. Il me dit que vous désiriez apprendre tous les détails de sa vie en Italie et de sa glorieuse mort. Je répondis à M. de la Villeaucomte que je croyais que notre tâche serait bientôt terminée, et qu'à mon retour en France, je comptais faire un voyage en Bretagne et que je me ferais un devoir de vous rendre mes humbles hommages.

» Notre tâche est loin d'être achevée, et je ne sais si jamais j'aurai l'honneur de me trouver en votre présence comme j'en ai le désir. Je prends donc, Madame, la liberté de vous écrire ce que j'espérais vous faire connaître de vive voix.

» Je me suis engagé au mois de juin, à Rome, dans la 2e compagnie des tirailleurs franco-belges. Alfred, étant plus ancien que moi, se trouvait dans la 1re compagnie, et je le connus fort peu pendant le temps que nous passâmes à Terni. Tout ce que je savais de lui, c'est qu'il avait un excellent cœur et qu'il était aimé de tous ses camarades. Nous tombâmes tous deux malades de la fièvre au mois d'août.

» Lorsque notre bataillon quitta Terni pour se rendre au camp situé à quelque distance de cette ville, nous entrâmes en convalescence. Nous n'étions pas en état de coucher sous la tente, et nous fûmes laissés à Terni, Alfred et moi, comme gardes provisoires du magasin. Nous étions tous deux seuls et nous nous liâmes bien vite. Nous parlions de nos parents, de nos amis, de notre pays. Avec quelle affection touchante Alfred me parlait de vous, Madame, de M. de Nanteuil, de son frère, de ses sœurs ! Il accomplissait son devoir, mais ce n'était pas sans regrets et sans tristesse, car sa pensée était toujours loin de lui, près de vous.

» Nous partîmes tous deux à la fin d'août pour Rome, où nous avions six jours à passer en congé de convalescence. Nous ne nous sommes pas quittés pendant ce bref séjour. D'abord Alfred était assez gai ; mais la veille de notre départ, il revint fort triste du Colysée, que nous avions visité de nuit, et il me parla peu ce soir-là. Le lendemain, il avait conservé sa tristesse, mais il avait le cœur plus ouvert. Il me dit le bonheur qu'il aurait à revoir sa famille. Mais, me dit-il en finissant, s'il y a un combat, je suis sûr de n'en point revenir, car je suis décidé à me faire tuer plutôt que de me rendre, si nous sommes vaincus ; et si nous sommes vainqueurs et que je sois parmi les morts, tu prendras quelque chose sur moi pour l'envoyer à mon père et à ma mère en souvenir de moi. Je le lui promis en lui disant que je ne partageais pas ses pressentiments.

» Nous étions de retour au camp de Terni le 3 septembre. Alfred était passé dans la 3ᵉ compagnie à sa formation, et il avait repris un peu de sa douce gaieté. Nous nous confessâmes tous deux le 7 septembre à notre aumônier, et il le fit de nouveau le 17, au camp de Loreto, la veille du combat.

» Nous quittâmes le camp le 12 septembre, et, n'étant pas dans la même compagnie, nous nous vîmes peu pendant la route ; car nous étions si fatigués en arrivant le soir aux étapes, que nous nous couchions presque aussitôt à la place qui nous était désignée pour passer la nuit. Le matin du 18, nous quittâmes le camp sous Loreto pour aller au combat. Tandis que le général de Pimodan haranguait les chasseurs italiens qui nous suivaient dans l'ordre de marche, nos compagnies se mêlèrent un instant, car chacun allait dire adieu à ses amis et leur serrer la main. Alfred, en me donnant la sienne, était bien triste et avait les larmes aux yeux. Adieu, me dit-il, et n'oublie pas ce que tu m'as promis. Je lui répondis : Au revoir ! car j'espère bien que nous nous retrouverons ce soir après le combat. Il me serra encore la main sans me répondre, et, après nous être embrassés, il retourna à sa compagnie. Je ne le revis plus depuis ce moment, ni pendant ni après le combat. Le soir, lorsque je me trouvai à Loreto, au milieu du peu de mes camarades qui avaient pu revenir sains et saufs, je leur demandai s'ils avaient vu mon ami. Nul ne put me répondre. Ce n'est que le lendemain que j'appris la triste nouvelle, et ce n'est qu'à mon retour à Rome que j'ai pu en obtenir les détails.

» Un soldat piémontais entrant le lendemain du combat à l'hôpital d'Osimo, présenta la photographie d'Alfred à un zouave blessé. Il lui dit que le soldat dont il voyait le portrait était blessé de quatre balles, et que, sommé de se rendre par lui et d'autres soldats piémontais, il avait refusé et avait continué de se défendre jusqu'à ce qu'ils l'eussent achevé de deux coups de baïonnette.

» Ce sont les seuls détails que j'aie pu avoir sur cette mort, la plus glorieuse de toutes, puisqu'il a mieux aimé mourir que de se rendre aux ennemis de sa cause.

» Je n'ai pu savoir le nom du zouave qui avait reçu le portrait de votre fils.

» J'aurais dû, Madame, vous envoyer plus tôt ces détails; mais, n'étant pas connu de vous, j'ai hésité longtemps à renouveler les larmes d'une mère.

» Veuillez recevoir, Madame, l'assurance de mon dévouement et l'expression des sentiments sincères d'un homme qui s'honorera toute sa vie du nom d'ami que lui avait donné votre cher et noble fils.

» Je suis, etc.

Adéodat Dufournel. »

BESANÇON, IMPRIMERIE DE J. JACQUIN.

BESANÇON, IMPRIMERIE DE J. JACQUIN.